Pizzas

tourtes et tartes salées

SOMMAIRE

Pizzas

Tourtes

Tartes salées

CALZONE

6 personnes

400 g de pâte à pizza
3 gousses d'ail
1 bol de coulis de tomate
1 boîte d'artichauts au naturel
12 tomates confites
3 boules de mozzarella
2 cuillères à soupe d'origan séché
2 poignées d'olives noires
Huile d'olive
Gros sel
Poivre

PRÉPARATION
20 mn

CUISSON
15 mn

TRÈS FACILE

BON MARCHÉ

- Découpez les boules de mozzarella en tranches ou en cubes. Égouttez les artichauts.

- Étalez la pâte à pizza et découpez 6 cercles. Mélangez l'ail haché avec le coulis de tomate, répartissez le coulis de tomates, les artichauts, les tomates confites, la mozzarella et les olives noires sur la moitié des cercles de pâte. Salez, poivrez. Assaisonnez d'origan séché. Refermez les pizzas en chaussons et soudez les bords avec un peu d'eau. Huilez les calzones avec un pinceau.

- Déposez les pizzas sur la lèche-frite du four huilée et enfournez pour 15 mn Th. 7 (210°C).

- Servez chaud avec une salade.

Le conseil

Pour que les calzones soient plus dorées, badigeonnez-les avec un peu de jaune d'œuf à l'aide d'un pinceau.

Le Vin
Provence / Corse
Rouge

Côtes de Provence

CALZONE AUX ÉPINARDS

- Préchauffez le four Th. 7 (210°C).
- Lavez les épinards et plongez-les dans une casserole d'eau bouillante salée pendant 3 mn. Égouttez-les en les pressant fortement afin d'en extraire toute l'eau. Puis hachez-les grossièrement, réservez.
- Étalez la pâte sur un plan de travail fariné de manière à former un grand cercle. Disposez-la sur une plaque allant au four et étalez les épinards sur seulement la moitié de la pâte.
- Écrasez la ricotta à la fourchette et éparpillez-la sur les épinards. Parsemez de parmesan, salez, poivrez et repliez la pâte sur elle-même afin de former un chausson. Appuyez bien sur les bords pour les souder.
- Badigeonnez du jaune d'œuf à l'aide d'un pinceau et passez au four 30 mn.

Le conseil

Pour gagner du temps, utilisez des épinards en branches, surgelés et décongelés au micro-ondes.

4 personnes

500 g de pâte à pain
500 g d'épinards
150 g de ricotta
50 g de parmesan râpé
1 jaune d'œuf
Sel, poivre

PRÉPARATION
20 mn

CUISSON
30 mn

FACILE

BON MARCHÉ

Le Vin
Provence / Corse
Rouge

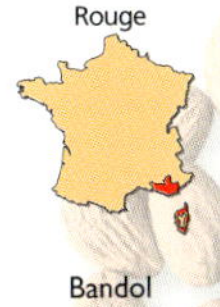

pizzas

MINI PIZZAS AU CHÈVRE ET AUX RAISINS

6 personnes

30 g de levure fraîche
500 g de farine
3 cuillères à soupe d'huile d'olive
1 cuillère à café de sel
1 bol de coulis de tomate
2 bûches de chèvre frais
100 g de raisins secs
150 g de gruyère râpé
1 filet d'huile d'olive

PRÉPARATION
20 mn + 3 h de repos

CUISSON
20 mn

TRÈS FACILE

BON MARCHÉ

Le Vin
Vallée du Rhône
Rosé

Tavel

- Délayez la levure dans 30 cl d'eau tiède. Ajoutez la farine, le sel et l'huile d'olive. Pétrissez la pâte jusqu'à ce qu'elle soit souple et lisse. Ajoutez un peu de farine si nécessaire. Formez une boule de pâte et couvrez-la avec un linge.

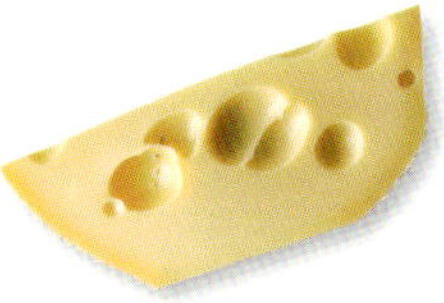

- Laissez lever la pâte pendant 3 h, à température ambiante et à l'abri des courants d'air. Après 3 h, travaillez encore la pâte sur un plan de travail fariné.

- Divisez la pâte en 6 parts égales et étalez en 6 cercles. Disposez les cercles de pâte sur la plaque du four farinée. Préchauffez le four Th. 8 (240°C).

- Garnissez la pâte : étalez le coulis de tomate et disposez le fromage de chèvre découpé en rondelles, les raisins et le gruyère râpé. Arrosez d'un filet d'huile d'olive et enfournez pour 20 mn. Servez immédiatement.

Le conseil

On peut préparer la pâte à pizza à l'avance et la conserver au congélateur pendant 1 mois.

MINI PIZZAS AU JAMBON

- Laissez décongeler la pâte à pizza. Pendant ce temps, graissez la plaque de cuisson avec l'huile.

- À l'aide d'une cuillère, déposez les tomates dans un saladier. Ajoutez la pulpe de tomates, le sel, le poivre, le basilic et le thym et mélangez bien. Coupez le jambon en dés.

- Étalez la pâte jusqu'à ce qu'elle ait 3 mm d'épaisseur. À l'aide d'un verre ou d'une sous-tasse, formez des petits cercles et découpez-les. Étalez la pâte restante et formez à nouveau des petits cercles jusqu'à ce que toute la pâte soit utilisée.

- Déposez les petits ronds de pâte sur la plaque. Préchauffez le four Th. 7/8 (220°C).

- Déposez environ 2 à 3 cuillères de mélange à la tomate sur chaque cercle de pâte et étalez bien. Disposez ensuite les dés de jambon sur les pizzas et saupoudrez de fromage râpé. Mettez la plaque à mi-hauteur et laissez cuire environ 20 mn.

Le conseil

Pour faciliter la découpe de la pâte avec un verre, posez-le d'abord dans une assiette contenant un peu de farine.

4 personnes

1 paquet de pâte à pizza congelée (400 g)
2 cuillères à soupe d'huile de tournesol pour la plaque de cuisson
200 g de tomates pelées
1 petite boîte de pulpe de tomates
1/2 cuillère à café de sel
3 pincées de poivre
1 cuillère à café de basilic, frais ou séché
1 cuillère à café de thym, frais ou séché
200 g de jambon
200 g de fromage râpé (emmenthal ou gouda)

PRÉPARATION 50 mn

CUISSON 20 mn

FACILE

BON MARCHÉ

Le Vin
Bordeaux Rosé

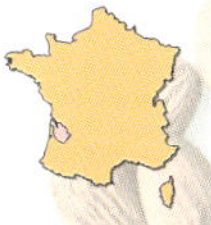

Clairet

MINI PIZZAS AUX TOMATES ET AUX CHAMPIGNONS

4 personnes

1 paquet de pâte à pizza (230 g)
400 g de tomates
1 oignon
1 gousse d'ail
50 g de poivron vert
30 g de champignons
30 g de jambon Serrano
2 cuillères à soupe de pignons de pin
Sel, poivre

PRÉPARATION
45 mn

CUISSON
15 mn

FACILE

BON MARCHÉ

pizzas

Le Vin
Provence / Corse
Rouge

Patrimonio

- Préchauffez le four Th. 7/8 (230°C).
- Sur la pâte à pizza, découpez 4 mini pizzas de 12 cm de diamètre.
- Taillez une croix sur les tomates et plongez-les dans l'eau bouillante quelques secondes. Rincez-les à l'eau froide, pelez-les, coupez-les en quatre, enlevez les pépins puis hachez la pulpe.
- Épluchez l'ail, nettoyez-le et coupez-le en fines lamelles dans la longueur. Lavez le poivron et coupez-le également en lamelles dans la longueur. Nettoyez les champignons et coupez-les en petits morceaux. Faites de même avec le jambon.
- Garnissez chaque mini pizza avec la pulpe de tomates, les oignons, l'ail, le poivron et les champignons. Disposez sur le dessus le jambon, les pignons de pin et assaisonnez de sel et de poivre.
- Mettez au four à mi-hauteur et faites cuire en surveillant pendant 15 mn.

Le conseil

Pour plus de saveur, faites légèrement griller les pignons à sec dans une poêle anti-adhésive. Disposez-les en fin de cuisson des pizzas.

PIZZA À LA SCAROLE ET AUX ANCHOIS

- Coupez le pied de la scarole, ôtez les feuilles flétries.
- Passez sous l'eau les feuilles restantes et faites-les blanchir dans une casserole d'eau bouillante salée pendant 5 mn.
- Laissez refroidir et égouttez en pressant fortement les feuilles pour en extraire toute l'eau. Préchauffez le four Th. 6 (180°C).
- Déroulez la pâte sur une plaque allant au four.
- Émincez la salade. Faites-la revenir avec l'oignon et l'huile dans une sauteuse à feu moyen. Ajoutez la moitié des anchois, des olives et des pignons. Répartissez le tout sur la pâte à pizza. Mélangez la crème et l'œuf. Salez, poivrez.
- Nappez la pizza de ce mélange et ajoutez le reste des anchois, des olives et des pignons. Passez au four pendant 20 mn.

Le conseil

Il est important de bien presser la salade en vous y reprenant à plusieurs fois. Mal égouttée, elle pourrait détremper la pâte.

4 personnes

1 pâte à pizza toute prête (rayon frais)
1 scarole
2 cuillères à soupe d'oignon émincé
10 cl de crème épaisse
1 œuf
2 cuillères à soupe d'huile d'olive
12 olives noires
10 filets d'anchois
40 g de pignons de pin
Sel, poivre

PRÉPARATION 25 mn

CUISSON 30 mn

FACILE

BON MARCHÉ

Le Vin
Languedoc-Roussillon
Rouge

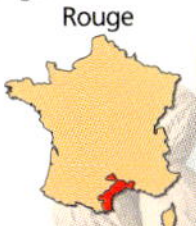

Côtes du Roussillon

PIZZA AU BŒUF HACHÉ ET AUX OIGNONS

6 personnes

1 rouleau de pâte à pizza
375 g de bœuf haché maigre
5 saucisses coupées en rondelles
250 ml de chapelure
1 oignon coupé en rondelles
1 œuf battu
8 cl de bouillon de bœuf
1/2 cuillère à thé d'ail en poudre
2 cuillères à soupe de persil frais haché
125 g de gruyère râpé

PRÉPARATION
15 mn

CUISSON
20 mn

TRÈS FACILE

RAISONNABLE

pizzas

Le Vin
Alsace Rouge

Tokay Pinot noir

- Préchauffez le four Th. 6 (180°C).
- Faites revenir le bœuf et les saucisses dans une grande poêle anti-adhésive.

- Déposez la viande, la chapelure, l'oignon, l'œuf, le bouillon de bœuf, la poudre d'ail et le persil dans un grand bol. Mélangez bien.
- Déroulez la pâte à pizza sur une plaque légèrement farinée allant au four. Couvrez de la préparation au bœuf et saupoudrez de fromage.
- Cuisez au four pendant 20 mn.

Le conseil

Vous pouvez pimenter cette recette en ajoutant 3 gouttes de Tabasco.

PIZZA AU CHÈVRE ET AUX OIGNONS

- Préchauffez le four Th. 7 (210°C). Épluchez l'ail et les oignons. Hachez l'ail et coupez les oignons en rondelles. Faites revenir le tout dans une poêle avec l'huile d'olive pendant environ 5 mn en veillant à ne pas laisser brunir. Poivrez, réservez.
- Déroulez la pâte sur une plaque allant au four légèrement farinée. Parsemez de parmesan.
- Coupez le chèvre en rondelles.
- Garnissez la pâte du mélange oignons-ail. Ajoutez les olives et le chèvre.
- Parsemez de basilic et de persil.
- Laissez reposer à température ambiante pendant 5 mn et passez au four pendant 20 mn.

Le conseil

Pour cette recette, préférez un chèvre Sainte-Maure de Touraine non cendré.

4 personnes

1 pâte à pizza toute prête (rayon frais)
3 oignons rouges
1 gousse d'ail
60 g de parmesan râpé
100 g d'olives noires dénoyautées et coupées en deux
250 g de fromage de chèvre en bûche
3 cuillères à soupe d'huile d'olive
2 cuillères à soupe de basilic frais haché ou d'origan frais haché
Persil frais haché
Poivre

PRÉPARATION
10 mn

CUISSON
25 mn

TRÈS FACILE

BON MARCHÉ

Le Vin
Val de Loire Rouge

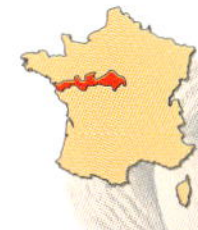

PIZZA AU CHORIZO ET AU POIVRON

4 personnes

1 pâte à pizza toute prête (rayon frais)
1 chorizo
1 gousse d'ail
1 oignon
100 g d'emmenthal râpé
1 poivron rouge
Olives noires
1 petite boîte de coulis de tomate
Poivre noir moulu

PRÉPARATION
25 mn

CUISSON
25 mn

FACILE

BON MARCHÉ

pizzas

Le Vin
Beaujolais Rouge

- Préchauffez le four Th. 7 (210°C).
- Pelez l'ail et l'oignon. Émincez-les et ajoutez-les au coulis de tomate. Faites mijoter pendant 5 mn à feu doux en remuant régulièrement. Poivrez. Réservez.
- Découpez le chorizo en rondelles.
- Lavez, épépinez et émincez le poivron.
- Déroulez la pâte sur une plaque allant au four légèrement farinée.
- Nappez de sauce à la tomate et parsemez d'emmenthal. Disposez alors les rondelles de chorizo et le poivron émincé.
- Ajoutez quelques olives et laissez reposer à température ambiante pendant 5 mn. Passez ensuite au four pendant 20 mn.

Le conseil

Enlevez, si possible, la peau du chorizo avant cuisson.

PIZZA AU JAMBON

- Préchauffez le four Th. 7 (210°C).
- Découennez et coupez le jambon en dés.

- Déroulez la pâte sur une plaque allant au four légèrement farinée.
- Nappez de coulis de tomate et parsemez d'emmenthal. Disposez alors les dés de jambon et parsemez d'origan et de persil.
- Ajoutez quelques olives et laissez reposer à température ambiante pendant 5 mn.
- Passez ensuite au four pendant 20 mn.

Le conseil

Pour cette recette, utilisez du jambon blanc de Paris.

4 personnes

1 pâte à pizza toute prête (rayon frais)
1 tranche de jambon d'une épaisseur d'1/2 cm environ
120 g d'emmenthal râpé
Olives noires
1 petite boîte de coulis de tomate
1 cuillère à café d'origan
1 cuillère à café de persil frais haché

PRÉPARATION 10 mn

CUISSON 20 mn

TRÈS FACILE

BON MARCHÉ

Le Vin
Sud-Ouest Rouge

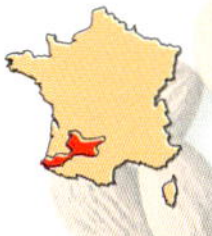

Bergerac

pizzas

PIZZA AU JAMBON CRU

4 personnes

1 pâte à pizza toute prête (rayon frais)
3 cuillères à soupe d'huile d'olive
2 cuillères à soupe de basilic frais haché
4 tomates
200 g de jambon de Parme
1 boule de mozzarella

PRÉPARATION
10 mn

CUISSON
20 mn

TRÈS FACILE

RAISONNABLE

Le Vin
Jura Rouge

Arbois

- Préchauffez le four Th. 7 (210°C).
- Dans un bol, mélangez l'huile et le basilic. Réservez.

- Lavez et découpez les tomates en rondelles.
- Déroulez la pâte à pizza sur une plaque allant au four légèrement farinée.
- Découennez et coupez le jambon en lamelles.
- Disposez avec les tomates sur la pâte et nappez du mélange huile-basilic.
- Coupez la mozzarella en petits morceaux et parsemez-en la pizza.
- Laissez reposer 5 mn à température ambiante et passez au four pendant 20 mn.

Le conseil

Pour une recette moins coûteuse, utilisez un jambon cru de pays Auvergne, Savoie ou Jura.

PIZZA AU LARD ET AUX POMMES DE TERRE

■ Épluchez et coupez les pommes de terre en rondelles. Faites-les cuire dans une casserole d'eau bouillante salée pendant 10 mn. Égouttez.

■ Préchauffez le four Th. 7 (210°C).

■ Déroulez la pâte sur une plaque allant au four légèrement farinée.

■ Nappez de coulis de tomate. Parsemez d'emmenthal.

■ Disposez les pommes de terre et les dés de poitrine fumée. Ajoutez quelques olives et nappez de crème liquide.

■ Laissez reposer à température ambiante pendant 5 mn et passez au four pendant 20 mn.

Le conseil

Si vous voulez donner une touche plus italienne à cette recette, remplacez l'emmenthal par du parmesan râpé.

4 personnes

1 pâte à pizza toute prête (rayon frais)
3 petites pommes de terre
50 g de poitrine fumée coupée en dés
50 g d'emmenthal râpé
3 cuillères à soupe de crème liquide
1 petite boîte de coulis de tomates
Olives noires
Sel, poivre

PRÉPARATION 15 mn

CUISSON 20 mn

TRÈS FACILE

BON MARCHÉ

Le Vin
Provence / Corse
Rosé

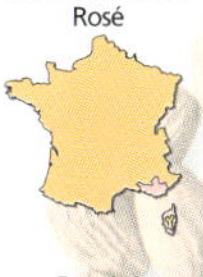

PIZZA AU SAUMON FUMÉ

4 personnes

1 pâte à pizza toute prête (rayon frais)
4 tranches de saumon fumé
100 g d'emmenthal râpé
3 cuillères à soupe de crème fraîche
1 cuillère à soupe de persil frais haché
1 petite boîte de coulis de tomate
Olives noires
Sel, poivre

PRÉPARATION
15 mn

CUISSON
20 mn

TRÈS FACILE

RAISONNABLE

- Préchauffez le four Th. 7 (210°C).

- Déroulez la pâte sur une plaque allant au four légèrement farinée.
- Nappez de coulis de tomate.
- Disposez les tranches de saumon fumé et parsemez de persil et d'emmenthal. Ajoutez quelques olives noires. Poivrez.
- Laissez reposer à température ambiante pendant 5 mn et passez au four pendant 20 mn.
- Au moment de servir, nappez de crème fraîche préalablement réchauffée.

Le conseil

Un saumon fumé de grande qualité n'est pas nécessaire pour réaliser cette recette.

Le Vin
Bordeaux Blanc

pizzas

PIZZA AU THON ET AUX CREVETTES

4 personnes

1 pâte à pizza toute prête (rayon frais)
3 cuillères à soupe de crème fraîche
1 boîte de thon au naturel
150 g de grosses crevettes roses cuites
100 g d'emmenthal râpé
1 petite boîte de coulis de tomate
Olives noires
Persil frais haché
Sel, poivre

PRÉPARATION 15 mn

CUISSON 20 mn

FACILE

RAISONNABLE

- Préchauffez le four Th. 7 (210°C).
- Décortiquez les crevettes. Disposez-les dans un bol avec le thon émietté et la crème fraîche. Mélangez. Salez, poivrez.

- Déroulez la pâte à pizza sur une plaque allant au four légèrement farinée.
- Nappez de coulis de tomate.
- Versez le mélange crevettes-thon et parsemez d'emmenthal et de persil. Ajoutez quelques olives noires.
- Laissez reposer 5 mn à température ambiante et passez au four pendant 20 mn.

Le conseil

Vous pouvez aussi utiliser des crevettes décortiquées, au naturel.

Le Vin
Vallée du Rhône
Rosé

PIZZA AUX ANCHOIS ET AUX TOMATES

6 personnes

30 g de levure fraîche
500 g de farine
3 cuillères à soupe d'huile d'olive
1 cuillère à café de sel
1 bol de coulis de tomate
3 tomates
1 boîte d'anchois allongés à l'huile
1 poignée d'olives noires
200 g d'emmenthal râpé
1 filet d'huile d'olive pour la finition

PRÉPARATION
20 mn + 3 h de repos

CUISSON
20 mn

TRÈS FACILE

BON MARCHÉ

Le Vin
Provence / Corse
Rosé

Côteaux d'Aix

- Délayez la levure dans 30 cl d'eau tiède. Ajoutez la farine, le sel et l'huile d'olive. Pétrissez la pâte jusqu'à ce qu'elle soit souple et lisse.

- Ajoutez un peu de farine si nécessaire. Formez une boule de pâte et couvrez-la avec un linge.

- Laissez lever la pâte pendant 3 h, à température ambiante et à l'abri des courants d'air. Après 3 h, travaillez encore la pâte sur un plan de travail fariné. Étalez-la en un grand cercle et disposez-la sur la plaque du four farinée.

- Préchauffez le four Th. 8 (240°C). Garnissez la pâte : étalez le coulis de tomate et disposez les tomates découpées en rondelles, les filets d'anchois et les olives. Parsemez avec l'emmenthal.

- Arrosez d'un filet d'huile d'olive et enfournez pour 20 mn. Servez immédiatement.

Le conseil

Pour éviter que les tomates fraîches ne détrempent trop la pâte, découpez-les en rondelles à l'avance et faites-les égoutter sur du papier absorbant avant de les disposer sur la pizza.

PIZZA AUX ARTICHAUTS ET À LA FETA

- Préchauffez le four Th. 7 (210°C).
- Lavez et coupez les tomates en rondelles.
- Déroulez la pâte sur une plaque allant au four légèrement farinée.
- Nappez de coulis de tomate, garnissez des rondelles de tomates, des cœurs d'artichauts, des olives et du thon. Recouvrez de feta émiettée et saupoudrez d'origan.
- Laissez reposer à température ambiante pendant 5 mn. Passez ensuite au four pendant 20 mn. Servez

Le conseil

Achetez de la feta dans un magasin de produits grecs en demandant une feta au lait de brebis.

4 personnes

1 pâte à pizza toute prête (rayon frais)
4 cœurs d'artichauts coupés en quatre
1 boîte de thon au naturel
125 g de feta
2 tomates
Olives noires
1 petite boîte de coulis de tomate
1 cuillère à café d'origan

PREPARATION 15 mn

CUISSON 20 mn

TRÈS FACILE

BON MARCHÉ

Le Vin
Vallée du Rhône
Rouge

Côtes du Lubéron

PIZZA AUX CHOUX-FLEURS ET AUX BROCOLIS

4 personnes

1 pâte à pizza toute prête (rayon frais)
50 g de brocoli (bouquet)
50 g de chou-fleur (bouquet)
1 petite boîte de champignons de Paris émincés
150 g d'emmenthal râpé
25 g de beurre
25 cl de lait
30 g de farine
1 pincée de noix de muscade moulue
Sel, poivre

PRÉPARATION
20 mn

CUISSON
35 mn

TRÈS FACILE

BON MARCHÉ

Le Vin
Provence / Corse
Rouge

Côteaux Varois

- Préchauffez le four Th. 7 (210°C).
- Cuisez le brocoli et le chou-fleur pendant 5 mn dans une casserole d'eau bouillante salée. Réservez.
- Préparez une béchamel : dans une petite casserole, faites fondre 25 g de beurre. Incorporez la farine. Mélangez bien, puis ajoutez le lait et la muscade. Faites épaissir puis versez dans un bol et laissez refroidir.
- Déroulez la pâte sur une plaque allant au four légèrement farinée.
- Nappez de béchamel. Ajoutez les légumes et saupoudrez d'emmenthal. Salez, poivrez.
- Laissez reposer à température ambiante pendant 5 mn.
- Passez ensuite au four pendant 20 mn.

Le conseil

Plongez le chou-fleur et le brocoli dans l'eau fraîche pour stopper la cuisson.

PIZZA AUX ENCORNETS ET AUX ANCHOIS

- Mélangez la levure avec le quart de la farine et 2 cuillères à soupe d'eau.
- Mélangez le reste de la farine avec le reste d'eau puis ajoutez le mélange précédent, l'huile et le sel.
- Travaillez bien la pâte puis laissez-la reposer 1 h 30 à température ambiante.
- Égouttez les tomates concassées et mélangez-les au coulis. Égouttez les cœurs d'artichauts.
- Coupez la mozzarella en tranches fines. Étalez la pâte assez fine et en rond.
- Nappez de mélange tomates concassées et coulis, ajoutez les anchois, les olives, les encornets, les crevettes et les cœurs d'artichauts coupés en quatre.
- Couvrez de lamelles de mozzarella, saupoudrez d'origan et de gruyère râpé. Mettez à cuire à four chaud Th. 6/7 (200°C) pendant 15 mn.

Le conseil

Utilisez de la levure fraîche de boulanger ou de la levure lyophilisée.

4 personnes

1 boîte de tomates concassées
1 boîte de coulis de tomate
10 anchois
10 cœurs d'artichauts en boîte
150 g de blancs d'encornets
Quelques olives noires
1 cuillère à soupe d'origan
1/2 boule de mozzarella
50 g de gruyère râpé
100 g de crevettes décortiquées

Pâte à pizza
500 g de farine
20 g de levure
10 g de sel
3 dl d'eau
5 cl d'huile d'olive

PRÉPARATION
20 mn + 1 h 30 de repos

CUISSON
15 mn

FACILE

RAISONNABLE

Le Vin
Val de Loire Rosé

Cabernet d'Anjou

PIZZA AUX FRUITS DE MER

4 personnes

1 pâte à pizza toute prête (rayon frais)
300 g d'un mélange de fruits de mer surgelés
2 gousses d'ail
3 cuillères à soupe d'huile d'olive
100 g d'emmenthal râpé
2 cuillères à soupe de persil frais haché
1 petite boîte de coulis de tomate
Sel, poivre

PRÉPARATION
20 mn

CUISSON
35 mn

FACILE

RAISONNABLE

Le Vin
Bourgogne Blanc

Chablis

- Préchauffez le four Th. 7 (210°C).
- Épluchez et hachez l'ail.
- Faites-le revenir dans une poêle avec l'huile d'olive. Ajoutez les fruits de mer encore congelés et parsemez de persil. Salez, poivrez.
- Faites revenir le tout à feu moyen en remuant en temps pendant 15 mn.
- Déroulez la pâte sur une plaque allant au four légèrement farinée.
- Nappez de coulis de tomate.
- Disposez les fruits de mer et parsemez d'emmenthal.
- Laissez reposer à température ambiante pendant 5 mn et passez au four pendant 20 mn.

Le conseil

Salez peu les fruits de mer, de saveur déjà salée, mais poivrez fortement.

PIZZA AUX OIGNONS ET AUX OLIVES

- Laissez décongeler la pâte pendant environ 20 à 30 mn. Épluchez les oignons et coupez-les en morceaux. Effilochez les branches de romarin et hachez les feuilles.

- Préchauffez le four Th. 6/7 (200°C). Étalez la pâte et roulez-la pour former un cercle d'environ 28 cm de diamètre. Graissez un moule à pizza puis déposez la pâte dessus. Piquez avec une fourchette. Dispersez ensuite les oignons et le romarin.

- Assaisonnez de sel et d'huile d'olive. Couvrez la pizza avec un torchon propre et laissez reposer pendant 15 à 20 mn.

- Puis faites cuire au four pendant 25 à 30 mn jusqu'à ce que la pâte ait une belle couleur dorée.

Le conseil

Pour obtenir une préparation plus moelleuse, faites suer les oignons émincés avec un peu d'huile d'olive.

6 personnes

1 paquet de pâte à pizza congelée (450 g)
250 g d'oignons
2 ou 3 branches de romarin
Sel, poivre
4 cuillères à soupe d'huile d'olive

PRÉPARATION
15 mn + 15 mn de repos

CUISSON
30 mn

FACILE

BON MARCHÉ

Le Vin
Bordeaux Rouge

Fronsac

PIZZA AUX OIGNONS, AUX TOMATES ET AU BASILIC

4 personnes

1 pâte à pizza toute prête (rayon frais)
150 g de tomates cerises
500 g de tomates pelées
2 oignons
1 cuillère à soupe de basilic haché frais
150 g de fromage de chèvre frais
2 œufs
15 cl de crème fraîche épaisse
Huile d'olive
Sel, poivre

PRÉPARATION
15 mn

CUISSON
20 mn

TRÈS FACILE

BON MARCHÉ

Le Vin
Val de Loire Blanc

Cheverny

- Préchauffez le four Th. 6 (180°C).
- Dans une jatte, émiettez le chèvre à l'aide d'une fourchette, ajoutez les œufs, la crème fraîche et le basilic. Mélangez. Salez, poivrez.

- Hachez les tomates pelées. Épluchez et émincez les oignons.
- Déroulez la pâte sur une plaque allant au four légèrement farinée. Nappez de crème au chèvre. Ajoutez les oignons et les tomates.
- Répartissez enfin les tomates cerises coupées en deux, face coupée vers le haut.
- Arrosez d'un filet d'huile d'olive et passez au four pendant 20 mn.

Le conseil

Vous pouvez éventuellement faire suer les tomates hachées et les oignons dans un peu d'huile d'olive avant d'en garnir la pizza.

PIZZA AUX OLIVES ET AUX DEUX FROMAGES

- Préchauffez le four Th. 7 (210°C).
- Faites chauffer 2 cuillères à soupe d'huile d'olive et faites revenir l'oignon et les poivrons émincés.
- Étirez la pâte pour former un grand disque, faites-le glisser sur la tôle du four légèrement huilée ou recouverte de papier sulfurisé.
- Étalez le coulis de tomate sur la pâte, parsemez d'ail et de persil hachés, répartissez oignons et poivrons, le jambon en languettes, les champignons égouttés, les olives, le caciocavallo émincé, saupoudrez de parmesan.
- Salez légèrement, poivrez, aspergez du reste d'huile, glissez au four, laissez cuire 30 mn. Servez de suite.

Le conseil

Le caciocavallo (fromage du sud de l'Italie) prend sa forme, suspendu par une ficelle pendant l'affinage. Il peut être doux et frais. Dur en vieillissant, on peut le râper.

6 personnes

500 g de pâte à pain, commandée chez le boulanger
3 cuillères à soupe d'huile d'olive
1 petit oignon
1/2 poivron rouge
1/2 poivron vert
10 cl de coulis de tomate, épais
1 gousse d'ail
2 brins de persil plat
1 petite boîte de champignons de Paris émincés
2 tranches épaisses de jambon cuit
18 olives noires
50 g de caciocavallo (fromage italien en forme de bourse) ou de beaufort
1 cuillère à soupe de parmesan râpé
Sel, poivre

PRÉPARATION 15 mn

CUISSON 30 mn

TRÈS FACILE

BON MARCHÉ

Le Vin
Provence / Corse
Rouge

Patrimonio

PIZZA AUX PICODONS

4 personnes

1 pâte à pizza toute prête (rayon frais)
2 picodons
60 g d'emmenthal râpé
Olives noires
1 petite boîte de coulis de tomate
2 cuillères à soupe d'origan

PRÉPARATION
10 mn

CUISSON
20 mn

TRÈS FACILE

BON MARCHÉ

Le Vin
Vallée du Rhône
Rouge

Côte Rotie

- Préchauffez le four Th. 7 (210°C).
- Émiettez les picodons en les écrasant à l'aide d'une fourchette.
- Déroulez la pâte sur une plaque allant au four légèrement farinée.
- Nappez de coulis de tomate.
- Ajoutez les miettes des picodons, l'emmenthal et les olives.
- Saupoudrez d'origan et laissez reposer à température ambiante pendant 5 mn et passez au four pendant 20 mn.

Le conseil

Le picodon est un pur chèvre de la Drôme ou de l'Ardèche. Choisissez plutôt frais pour une pâte moelleuse, bien affiné pour une préparation plus corsée.

PIZZA AUX POIVRONS VERTS ET AUX OLIVES NOIRES

■ Délayez la levure dans 30 cl d'eau tiède. Ajoutez la farine, le sel et l'huile d'olive. Pétrissez la pâte jusqu'à ce qu'elle soit souple et lisse. Ajoutez un peu de farine si nécessaire.

■ Formez une boule de pâte et couvrez-la avec un linge. Laissez lever la pâte pendant 3 h, à température ambiante et à l'abri des courants d'air. Après 3 h, travaillez encore la pâte sur un plan de travail fariné. Étalez la pâte en un grand cercle et disposez-la sur la plaque du four farinée. Préchauffez le four Th. 8 (240°C).

■ Garnissez la pâte : étalez le coulis de tomate et disposez les olives découpées en rondelles, le poivron découpé en lanières et l'emmenthal. Parsemez avec l'origan. Arrosez d'un filet d'huile d'olive et enfournez pour 20 mn. Servez immédiatement.

Le conseil

Des olives marinées aux herbes apportent une saveur nouvelle à cette pizza.

6 personnes

- 30 g de levure fraîche
- 500 g de farine
- 3 cuillères à soupe d'huile d'olive
- 1 cuillère à café de sel
- 1 bol de coulis de tomate
- 1 poivron vert
- 200 g d'olives noires dénoyautées
- 200 g d'emmenthal râpé
- 1 cuillère à soupe d'origan séché
- 1 filet d'huile d'olive

PRÉPARATION
20 mn + 3 h de repos

CUISSON
20 mn

TRÈS FACILE

BON MARCHÉ

Le Vin
Val de Loire Rouge

Saint-Nicolas de Bourgueil

PIZZA AUX POMMES GRATINÉES ET AU PARMESAN

4 personnes

1 pâte à pizza toute prête (rayon frais)
6 pommes granny smith
1 gousse d'ail
150 g de parmesan râpé
3 cuillères à soupe d'huile d'olive
2 cuillères à soupe de basilic frais haché
Sel, poivre

PRÉPARATION
15 mn

CUISSON
25 mn

TRÈS FACILE

BON MARCHÉ

Le Vin
Val de Loire Blanc
Vouvray Sec

- Préchauffez le four Th. 7 (210°C).
- Épluchez et hachez l'ail. Faites-le revenir dans une poêle avec l'huile d'olive pendant environ 5 mn à feu doux en remuant de temps en temps. Réservez.
- Épluchez et ôtez le trognon des pommes. Coupez-les en rondelles.
- Déroulez la pâte sur une plaque allant au four légèrement farinée.
- Nappez du mélange huile-ail. Ajoutez les pommes. Salez et poivrez.
- Parsemez de parmesan.
- Laissez reposer à température ambiante pendant 5 mn et passez au four pendant 20 mn.

Le conseil

Parsemez de basilic ciselé à la sortie du four : il dégagera tout son parfum.

PIZZAS AUX TOMATES ET À LA SALADE

- Délayez la levure dans 30 cl d'eau tiède. Ajoutez la farine, le sel et l'huile d'olive. Pétrissez la pâte jusqu'à ce qu'elle soit souple et lisse. Ajoutez un peu de farine si nécessaire. Formez une boule de pâte et couvrez-la avec un linge. Laissez lever la pâte pendant 3 h, à température ambiante et à l'abri des courants d'air.

- Pelez les gousses d'ail et pressez-les. Lavez les tomates et découpez-les en rondelles. Supprimez les graines et faites-les dégorger sur du papier absorbant. Lavez et nettoyez les laitues.

- Faites fondre le beurre dans une grande poêle et ajoutez-y les feuilles de laitues. Faites-les suer à feu doux, puis revenez à feu vif quelques minutes jusqu'à ce que toute l'eau de végétation ait disparu. Assaisonnez de sel et de poivre.

- Au bout de 3 h, travaillez encore la pâte sur un plan de travail fariné en y incorporant l'emmenthal râpé et l'ail pressé. Préchauffez le four Th. 8 (240°C).

- Étalez la pâte en 6 cercles moyens et disposez-les sur la plaque du four farinée. Enfournez pour 10 mn jusqu'à ce que les fonds de pizza soient bien dorés.

- Garnissez les pizzas : répartissez les feuilles de salade cuites et les tomates coupées en rondelles. Arrosez d'un filet d'huile d'olive et remettez 5 mn dans le four chaud. Servez avec une salade de tomates.

6 personnes

30 g de levure fraîche
500 g de farine
3 cuillères à soupe d'huile d'olive
1 cuillère à café de sel
2 gousses d'ail
200 g d'emmenthal râpé
3 tomates rouges bien fermes
3 tomates vertes bien fermes
2 laitues
50 g de beurre
1 filet d'huile d'olive
Sel, poivre

PRÉPARATION
20 mn + 3 h de repos

CUISSON
20 mn

TRÈS FACILE

BON MARCHÉ

Le Vin
Provence / Corse
Rosé

Côtes de Provence

PIZZA AUX TOMATES ET AU PISTOU

6 personnes

30 g de levure fraîche
500 g de farine
3 cuillères à soupe d'huile d'olive
1 cuillère à café de sel
1 bol de coulis de tomate
1 bouquet de basilic
2 gousses d'ail
3 tomates rouges bien fermes
3 tomates jaunes bien fermes
2 boules de mozzarella
1 filet d'huile d'olive

PRÉPARATION
20 mn + 3 h de repos

CUISSON
20 mn

TRÈS FACILE

BON MARCHÉ

Le Vin
Provence / Corse
Rosé

- Lavez le basilic et ciselez-le finement. Pelez les gousses d'ail et pressez-les. Délayez la levure dans 30 cl d'eau tiède. Ajoutez la farine, le sel et l'huile d'olive. Pétrissez la pâte jusqu'à ce qu'elle soit souple et lisse.

- Ajoutez un peu de farine si nécessaire. Formez une boule de pâte et couvrez-la avec un linge. Laissez lever la pâte pendant 3 h, à température ambiante et à l'abri des courants d'air.

- Après 3 h, travaillez encore la pâte sur un plan de travail fariné en y incorporant le basilic et l'ail pressé. Étalez la pâte en un grand cercle et disposez-la sur la plaque du four farinée. Préchauffez le four Th. 8 (240°C).

- Garnissez la pâte : étalez le coulis de tomate et disposez les tomates pelées, épépinées et coupées en cubes, les boules de mozzarella découpées en cubes. Arrosez d'un filet d'huile d'olive et enfournez pour 20 mn. Servez immédiatement.

Le conseil

Pour préparer rapidement un coulis de tomate, mixez une boîte de tomates entières pelées. Cuisez 1 h avec 1 morceau de sucre, bouquet garni, sel et poivre.

PIZZA AUX TROIS FROMAGES

- Préchauffez le four Th. 7 (210°C).
- Émiettez le gorgonzola en l'écrasant à l'aide d'une fourchette. Découpez la mozzarella en petits dés.
- Déroulez la pâte sur une plaque allant au four légèrement farinée. Nappez de coulis de tomate. Parsemez des trois fromages.
- Saupoudrez d'origan, ajoutez quelques olives et laissez reposer à température ambiante pendant 5 mn.
- Passez ensuite au four pendant 20 mn.

Le conseil

Préférez la mozzarella de bufflonne, plus savoureuse et plus typée, plus chère aussi que la mozzarella de vache.

4 personnes

1 pâte à pizza toute prête (rayon frais)
120 g de gruyère râpé
120 g de gorgonzola
1 boule de mozzarella
Olives noires
1 petite boîte de coulis de tomate
1 cuillère à café d'origan

PRÉPARATION
15 mn

CUISSON
20 mn

TRÈS FACILE

BON MARCHÉ

Le Vin
Provence / Corse
Rosé

Coteaux d'Aix

PIZZA CALABRAISE

4 personnes

1 pâte à pizza toute prête (rayon frais)
1 petite boîte d'anchois
1 gousse d'ail
50 g d'emmenthal râpé
Olives noires
1 petite boîte de coulis de tomate
2 cuillères à soupe d'origan

PRÉPARATION
10 mn

CUISSON
20 mn

TRÈS FACILE

BON MARCHÉ

Le Vin
Val de Loire Rouge

Saumur Champigny

- Préchauffez le four Th. 7 (210°C).
- Pelez et hachez la gousse d'ail, mélangez-la au coulis de tomate.

- Déroulez la pâte sur une plaque allant au four légèrement farinée.
- Nappez de coulis de tomate. Disposez 4 anchois de manière à dessiner 4 parts.
- Parsemez l'emmenthal sur la moitié de la pizza et l'origan sur l'ensemble. Ajoutez quelques olives et laissez reposer à température ambiante pendant 5 mn.
- Passez ensuite au four pendant 20 mn.

Le conseil

Vous pouvez aussi utiliser des anchois au sel, au détail, à faire dessaler sous l'eau courante.

PIZZA PIMENTÉE AU POULET ET AUX OLIVES

- Préchauffez le four Th. 7 (210°C).
- Pelez et hachez l'ail.
- Coupez le poulet en lamelles fines. Faites-les revenir dans une sauteuse avec l'huile à feu moyen jusqu'à ce qu'il soit doré. Ajoutez le piment, le cumin, l'origan et l'ail. Salez et poivrez.
- Cuisez encore 2 mn, retirez du feu et laissez refroidir.
- Déroulez la pâte sur une plaque allant au four légèrement farinée. Garnissez du mélange au poulet et saupoudrez d'emmenthal.
- Parsemez des olives et de cives ciselées.
- Laissez reposer à température ambiante pendant 5 mn.
- Passez ensuite au four pendant 20 mn.

Le conseil

Si vous utilisez du piment frais, ouvrez-le en deux pour enlever les graines, il sera moins virulent.

4 personnes

1 pâte à pizza toute prête (rayon frais)
200 g de blancs de poulet
1 petit piment émincé
1 gousse d'ail
1 cuillère à café de cumin
1 cuillère à café d'origan
3 cives (ciboules)
125 g d'emmenthal râpé
50 g d'olives vertes dénoyautées
50 g d'olives noires dénoyautées
Sel, poivre

PRÉPARATION
15 mn

CUISSON
30 mn

FACILE

BON MARCHÉ

Le Vin
Languedoc-Roussillon
Rouge

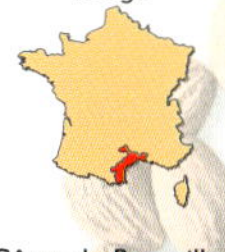

Côtes du Roussillon

pizzas

PIZZA POÊLÉE AU LARD

4 personnes

1 pâte à pizza toute prête (rayon frais)
200 g de lardons fumés
125 g de fromage de chèvre demi-sec
4 gousses d'ail
1 branche de romarin
Sel de guérande
Huile d'olive

PRÉPARATION
10 mn

CUISSON
15 mn

TRÈS FACILE

BON MARCHÉ

pizzas

Le Vin
Vallée du Rhône
Rouge

Saint-Joseph

- Préchauffez le four Th. 6 (180°C).

- Épluchez et hachez l'ail.

- Dans une sauteuse faites-le revenir avec les lardons sans matière grasse à feu moyen. Parsemez de romarin ciselé. Salez. Réservez.

- Émiettez le chèvre à la fourchette, ajoutez au mélange précédent, hachez le tout au mixeur.

- Déroulez la pâte. Garnissez-en une poêle suffisamment grande et préalablement huilée.

- Ajoutez le hachis aux lardons. Couvrez et laissez cuire à feu doux pendant environ 15 mn.

Le conseil

Les aiguilles de romarin étant légèrement piquantes, vous pouvez les piler au mortier.

PIZZA QUATRE SAISONS

- Délayez la levure dans 30 cl d'eau tiède. Ajoutez la farine, le sel et l'huile d'olive. Pétrissez la pâte jusqu'à ce qu'elle soit souple et lisse. Ajoutez un peu de farine si nécessaire. Formez une boule de pâte et couvrez-la avec un linge. Laissez lever la pâte pendant 3 h, à température ambiante et à l'abri des courants d'air. Après 3 h, travaillez encore la pâte sur un plan de travail fariné. Étalez la pâte en un grand cercle et disposez-la sur la plaque du four farinée. Préchauffez le four Th. 8 (240°C).

- Garnissez la pâte : étalez le coulis de tomate et disposez les champignons émincés, les poivrons découpés et bâtonnets, les artichauts découpés en quatre, la mozzarella découpée en tranches, les olives. Parsemez avec le thym et le romarin. Arrosez d'un filet d'huile d'olive et enfournez pour 20 mn. Servez immédiatement.

Le conseil

Pour que la levure conserve des propriétés, il faut la conserver au réfrigérateur avant de l'utiliser.

6 personnes

30 g de levure fraîche
500 g de farine
3 cuillères à soupe d'huile d'olive
1 cuillère à café de sel
1 bol de coulis de tomate
3 champignons de Paris
3 artichauts en boîte
1/4 de poivron rouge
1/4 de poivron vert
1 poignée d'olives noires
1 boule de mozzarella
1 cuillère à café de thym émietté
1 cuillère à café de romarin émietté
1 filet d'huile d'olive

PRÉPARATION
20 mn + 3 h de répos

CUISSON
20 mn

TRÈS FACILE

BON MARCHÉ

Le Vin
Vallée du Rhône
Rosé

Tavel

PIZZA ROYALE

4 personnes

1 pâte à pizza toute prête (rayon frais)
3 tranches de jambon blanc
10 champignons de Paris
100 g d'emmenthal râpé
Olives noires
1 petite boîte de coulis de tomate
2 cuillères à soupe d'origan

PRÉPARATION
15 mn

CUISSON
20 mn

TRÈS FACILE

BON MARCHÉ

Le Vin
Val de Loire Blanc

Sancerre

■ Préchauffez le four Th. 7 (210°C).

■ Coupez les pieds sableux des champignons, lavez-les et coupez-les en lamelles dans le sens de la longueur.

■ Découennez et coupez le jambon en petits dés.

■ Déroulez la pâte sur une plaque allan au four légèrement farinée.

■ Nappez de coulis de tomate. Ajoutez le jambon et parsemez d'emmenthal et d'origan. Ajoutez alors les champignons et les olives noires.

■ Laissez reposer à température ambiante pendant 5 mn et passez au four pendant 20 mn.

Le conseil

Vous pouvez aussi faire sauter les champignons dans une noix de beurre. Vous obtiendrez une saveur différente.

PIZZA SICILIENNE

- Préchauffez le four Th. 7 (210°C).
- Foncez une tourtière avec la pâte et piquez-y les anchois.
- Tartinez avec la purée de tomates, semez par-dessus des oignons hachés, couvrez avec des rondelles de tomates légèrement salées et du parmesan râpé.
- Arrosez avec l'huile.
- Laissez reposer à température ambiante pendant 5 mn et passez au four pendant 20 mn. Servez aussitôt.

Le conseil

Commandez la pâte à pain chez le boulanger ou achetez une préparation en grandes surfaces.

4 personnes

300 g de pâte à pizza
6 anchois à l'huile
2 oignons
1 boîte de purée de tomate
3 tomates
100 g de parmesan râpé
5 dl d'huile d'olive
Sel

PRÉPARATION
15 mn

CUISSON
20 mn

TRÈS FACILE

BON MARCHÉ

Le Vin
Beaujolais Rouge

Brouilly

pizzas

FLAMICHE AU POTIRON

4 personnes

1 portion de 500 g de potiron
3 oignons
250 g de pâte feuilletée
30 g de beurre
3 œufs
10 cl de crème fraîche épaisse
2 cuillères à soupe de farine
1 pincée de noix de muscade râpée
Sel, poivre

PRÉPARATION
20 mn

CUISSON
45 mn

ASSEZ FACILE

BON MARCHÉ

Le Vin
Bordeaux Rouge

Côtes de Blaye

- Préchauffez le four Th. 7 (210°C). Retirez la peau et les graines du potiron et coupez la chair en morceaux. Pelez et hachez les oignons.

- Faites fondre le potiron et les oignons dans une casserole avec 20 g de beurre. Salez, poivrez et mouillez avec 10 cl d'eau. Laissez mijoter à couvert pendant 10 à 15 mn. Égouttez le potiron et écrasez-le. Dans une jatte, battez les œufs, la crème fraîche, la noix de muscade râpée, ajoutez le potiron. Mélangez bien, goûtez et rectifiez l'assaisonnement.

- Sur le plan de travail fariné, coupez la pâte feuilletée en 2 parties inégales, 2/3 pour le dessous de la tourte, 1/3 pour le dessus. Abaissez les 2 morceaux de pâte et garnissez un moule beurré de 20 cm de diamètre, avec le plus grand. Répartissez dessus la préparation au potiron et posez par-dessus un couvercle de pâte avec le petit cercle. Soudez les bords en les pinçant. Dorez la surface au pinceau, avec un œuf battu.

- Fabriquez une petite cheminée avec du papier blanc d'une hauteur de 3 cm environ. Faites un petit trou au centre de la tourte et introduisez la cheminée afin d'évacuer la vapeur lors de la cuisson. Enfournez et laissez cuire 30 à 35 mn.

Le conseil

La peau du potiron est très dure et pour l'enlever facilement il est préférable de fractionner le légume en plusieurs morceaux.

TOURTE À LA VOLAILLE

- Préchauffez le four Th. 6 (180°C).
- Épluchez et émincez les échalotes. Coupez le poulet en lanières.
- Dans une sauteuse, faites revenir les échalotes et le poulet avec le beurre à feu moyen pendant environ 10 mn en remuant régulièrement. Salez et poivrez.
- Émincez le chou et faites-le blanchir 3 mn dans une casserole d'eau bouillante salée. Égouttez.
- Ajoutez le chou au poulet et faites revenir encore 2 mn. Étalez la pâte sur un plan de travail fariné.
- Découpez 2 cercles de pâte, l'un de 20 cm de diamètre et l'autre de 18 cm.
- Répartissez le mélange au poulet sur le plus petit cercle, mouillez les bords avec un peu d'eau et couvrez avec le second cercle. Appuyez bien sur les bords pour souder les deux pâtes.
- Badigeonnez du jaune d'œuf à l'aide d'un pinceau et passez au four pendant 20 mn.

Le conseil

Vous pouvez parfaire la décoration en vous servant des restes de pâte.

4 personnes

250 g de pâte feuilletée
2 échalotes
25 g de beurre
250 g de blancs de poulet
200 g de chou vert
1 jaune d'œuf
Farine
Sel, poivre

PRÉPARATION
25 mn

CUISSON
35 mn

ASSEZ FACILE

BON MARCHÉ

Le Vin
Savoie Blanc

Apremont

TOURTE AU BŒUF ET AUX AUBERGINES

4 à 6 personnes

1 grosse noix de beurre
750 g de bœuf coupé en cubes
Sel et poivre, au goût
125 g d'oignons hachés
1 cuillère à café d'ail haché
1 bouquet garni (1 feuille de laurier, 1 branche de thym, 1 bouquet de persil)
2 cuillères à soupe de farine
1 l de bouillon de bœuf
2 cuillères à soupe d'huile de maïs
1/2 aubergine coupée en tranches
250 g de carottes coupées en bâtonnets
250 g de navets coupés en bâtonnets
1 boîte de petits pois fins
1 abaisse de pâte brisée

PRÉPARATION
30 mn

CUISSON
2 h

FACILE

RAISONNABLE

Le Vin
Sud-Ouest Rouge

- Dans une grande casserole, faites chauffer le beurre et faites rissoler les cubes de bœuf. Assaisonnez.

- Ajoutez les oignons, l'ail et le bouquet garni. Saupoudrez de farine et mouillez avec le bouillon de bœuf. Laissez mijoter à couvert 1 h 15 mn à 1 h 30 mn à feu doux. Réservez au chaud.

- Dans une poêle, faites chauffer l'huile et cuisez les tranches d'aubergine 1 mn de chaque côté. Égouttez sur du papier essuie-tout et déposez au fond d'un plat à gratin.

- Préchauffez le four Th. 6 (180°C). Versez le bœuf sur les aubergines. Garnissez de bâtonnets de carottes, de navets et de petits pois. Recouvrez de l'abaisse de pâte et faites des entailles au centre à l'aide d'un couteau. Cuisez au four 30 à 35 mn.

Le conseil

Pour que l'aubergine absorbe moins d'huile, faites une précuisson à la vapeur.

TOURTE AU JAMBON

■ Préchauffez le four Th. 7/8 (220°C) et faites chauffer 50 cl de lait.

■ Dans un bol, délayez les 2 cuillères de farine avec 2 cuillères d'eau froide. Vérifiez qu'il n'y ait pas de grumeaux.

■ Lorsque le lait est prêt à bouillir, prélevez-en une petite louche et versez-la doucement, en remuant bien à l'aide d'un petit fouet à sauce, sur la préparation. Versez-la ensuite dans la casserole avec le reste de lait et mélangez jusqu'à obtention d'une sauce épaisse.

■ Salez et poivrez et ajoutez la pincée de noix de muscade. Réservez hors du feu.

■ Coupez les tranches de jambon en dés puis incorporez-les à la sauce. Ajoutez le madère et mélangez doucement quelques instants.

■ À l'aide d'un moule à manqué, découpez un cercle du même diamètre, dans la pâte du premier rouleau, il servira de couvercle. Réservez.

■ Beurrez le moule, garnissez-le à l'aide du second rouleau en laissant déborder l'excédent sur les côtés. Versez-y la préparation au jambon, recouvrez du disque de pâte et rabattez les bordures vers l'intérieur en appuyant fortement. Creusez une petite cheminée au centre de la tourte et glissez-y un petit cylindre de papier blanc.

■ Badigeonnez la surface de la pâte d'œuf battu pour la faire dorer. Enfournez et laissez cuire 40 mn.

Le conseil

Délayez le jaune d'œuf avec une cuillerée à café d'eau froide pour badigeonner la pâte.

4 personnes

6 tranches de jambon
2 rouleaux de pâte feuilletée prête à l'emploi
1 cuillère à café de beurre
1 œuf
50 cl de lait
1 cuillère à soupe de madère
2 cuillères à soupe de farine
1 pincée de noix de muscade en poudre
Sel, poivre

PRÉPARATION
20 mn

CUISSON
40 mn

ASSEZ FACILE

BON MARCHÉ

Le Vin
Alsace Blanc

Riesling

TOURTE AUX BETTES

8 personnes

Pâte
500 g de farine
200 g de beurre
2 œufs entiers
1 pincée de sel
5 cl d'eau

Garniture
2 bouquets de feuilles de bettes
50 g de raisins de Corinthe
100 g de pignons
4 pommes reinette
1 petit verre à liqueur de Calvados
150 g de sucre blond
1 cuillère à soupe d'huile d'olive
2 œufs
Sel, poivre
1 jaune d'œuf

PRÉPARATION
30 mn + 1 h de repos

CUISSON
40 mn

FACILE

BON MARCHÉ

Le Vin
Vallée du Rhône
Rouge

Côtes du Ventoux

- Faites tremper les raisins dans le Calvados légèrement tiédie.

- Préparez la pâte en versant la farine dans un grand saladier, creusez un puits, ajoutez le beurre en noisettes, les œufs, le sel, malaxez rapidement à la main en ajoutant, petit à petit, l'eau pour obtenir une boule de pâte.

- Laissez reposer au frais pendant 1 h. Ôtez les grosses côtes des bettes, lavez-les et égouttez-les bien.

- Roulez les feuilles sur elles-mêmes puis hachez-les grossièrement avec un couteau. Plongez-les dans une grande casserole d'eau bouillante salée, laissez-les cuire 10 mn puis égouttez soigneusement. Pelez les pommes et coupez-les en lamelles un peu épaisses.

- Mélangez, dans une terrine, le sucre, le Calvados et les raisins, l'huile d'olive, les œufs battus en omelette et les pignons, salez et poivrez. Mélangez bien et ajoutez aux bettes. Préchauffez le four Th. 8 (240°C).

- Séparez la boule de pâte en 2 parties, abaissez la première moitié et garnissez-en un moule à tourte, versez la garniture. Disposez sur le dessus les lamelles de pommes.

- Abaissez la seconde moitié de la pâte et disposez-la sur le moule. Pincez les 2 épaisseurs de pâte. Délayez le jaune d'œuf avec un peu d'eau et, à l'aide d'un pinceau, badigeonnez le dessus de la tourte. Mettez au four 15 mn, puis recouvrez d'une feuille de papier d'aluminium et poursuivez la cuisson encore 15 mn.

TOURTE AUX CHAMPIGNONS FORESTIERS

- Préchauffez le four Th. 6 (180°C). Nettoyez et émincez les champignons. Faites chauffer la moitié du beurre dans une poêle.

- Ajoutez les oignons et l'échalote pelés et hachés, ainsi que les champignons, le persil et le jambon découpé en cubes. Faites revenir le tout sur feu moyen pendant 10 mn.

- Posez un rouleau de pâte sur une feuille de papier sulfurisé. Garnissez avec le contenu de la poêle en laissant une marge de 2 cm tout le tour. Humidifiez la marge avec un pinceau.

Couvrez avec le second rouleau de pâte en appuyant sur les bords pour souder les 2 pâtes. Faites une cheminée sur le dessus de la tourte et introduisez un morceau de papier sulfurisé roulé.

- Dans un bol, battez les œufs entiers avec la crème fraîche, sel et poivre.

- Versez cette préparation dans la cheminée. Badigeonnez le dessus de la tourte avec le jaune d'œuf et enfournez pour 30 mn. Servez dès la sortie du four, quand la tourte est bien dorée.

Le conseil

Pour plus de facilité, on peut façonner la cheminée dans un morceau de carton et le remplacer par du papier sulfurisé pour la cuisson.

6 personnes

2 rouleaux de pâte brisée
800 g de champignons sauvages mélangés
150 g de jambon de pays
3 œufs + 1 jaune
2 oignons
1 échalote
40 g de beurre
25 cl g de crème fraîche épaisse
3 cuillères à soupe de persil haché
Sel, poivre

PRÉPARATION 30 mn

CUISSON 30 mn

FACILE

RAISONNABLE

Le Vin
Val de Loire Rouge

Saumur Champigny

TOURTE AUX POIREAUX ET AUX POMMES DE TERRE

4 à 6 personnes

2 rouleaux de pâte brisée
1 kg de pommes de terre
200 g de lardons fumés
2 blancs de poireaux coupés en rondelles
25 g de beurre
+ 1 noisette de beurre pour le moule
1 jaune d'œuf
Sel, poivre

PRÉPARATION
20 mn

CUISSON
1 h

FACILE

BON MARCHÉ

Le Vin
Sud-Ouest Rouge

Cahors

tourtes

■ Préchauffez le four Th. 6 (180°C).

■ Épluchez les pommes de terre et coupez-les en lamelles à l'aide d'un robot.

■ Dans une grande sauteuse, faites revenir les lardons avec le beurre et les poireaux. Ajoutez les pommes de terre et faites cuire le tout à feu moyen en remuant régulièrement pendant 15 mn. Salez, poivrez.

■ Pendant ce temps, beurrez un moule à bord haut de 26 cm de diamètre. Garnissez d'un des rouleaux de pâte. Versez les pommes de terre.

■ Recouvrez du second rouleau de pâte et appuyez bien sur les bords. Découpez le surplus à l'aide d'un couteau en longeant le moule.

■ Badigeonnez du jaune d'œuf à l'aide d'un pinceau et passez au four pendant environ 45 mn.

Le conseil

Pratiquez un petit trou au centre de la tourte. Glissez-y la moitié d'une carte de visite roulée qui fera cheminée pour laisser échapper la vapeur.

TOURTE AUX POMMES DE TERRE

- Épluchez et faites cuire les pommes de terre 15 mn à l'eau bouillante salée. Laissez-les refroidir puis coupez-les en rondelles.
- Émincez finement les échalotes, ajoutez-les aux pommes de terre avec le thym, la muscade et le poivre. Mélangez bien le tout.
- Sur un plan de travail fariné, étalez la moitié de la pâte, garnissez-en une tourtière en la laissant légèrement déborder pour faire le joint.
- Garnissez avec les rondelles de pommes de terre et parsemez de noisettes de beurre.
- Étalez le reste de la pâte, recouvrez-en la tourtière et soudez les bords avec un peu d'eau.
- Pratiquez un trou au centre de la tourte pour former une cheminée avec un morceau de papier sulfurisé roulé. Décorez avec le reste de pâte.
- À l'aide d'un pinceau, badigeonnez la tourte avec l'œuf battu. Mettez au four Th. 7 (210°C) pendant 30 mn.
- Sortez du four et versez la crème fleurette dans la cheminée. Remettez à cuire pendant 5 mn.

Le conseil

Les pommes de terre sont encore fermes apres 15 mn de cuisson mais se couperont sans s'émietter et finiront de cuire au four.

6 personnes

800 g de pommes de terre
2 paquets de pâte feuilletée
2 échalotes
10 cl de crème liquide
50 g de beurre
1 œuf
Farine
Thym
1 pincée de muscade râpée
Sel, poivre

PRÉPARATION
20 mn

CUISSON
45 mn

FACILE

BON MARCHÉ

Le Vin
Beaujolais Rouge

TOURTE DE DINDE AUX POMMES

6 personnes

2 rouleaux de pâte brisée étalée
3 cuillères à soupe d'huile
3 pommes
400 g de blancs de dinde
1 oignon
100 g de raisins secs
20 cl de vin blanc sec
50 g de farine de maïs
1 jaune d'œuf
2 cuillères à soupe de crème fraîche
5 g de beurre
Sel, poivre

PRÉPARATION
30 mn

CUISSON
35 mn

FACILE

RAISONNABLE

Le Vin
Alsace Blanc
Sylvaner

tourtes

- Pelez et épépinez les pommes. Détaillez-les en quartiers. Coupez les filets de dinde en gros cubes. Pelez l'oignon et coupez-le en quatre. Rassemblez les pommes, la viande et l'oignon dans le bol d'un mixeur et hachez grossièrement par pulsions.

- Dans une grande poêle, faites fondre l'huile et revenir la farce en mélangeant avec une cuillère en bois. Lorsque la farce commence à dorer, ajoutez la crème fraîche, la farine de maïs et le vin blanc. Mélangez de nouveau et laissez mijoter de 5 à 8 mn. Ajoutez alors les raisins secs, salez, poivrez. Mélangez intimement. Allumez le four Th. 7 (210°C).

- Étalez un fond de pâte dans un moule à tarte beurré. Piquez-le avec une fourchette et laissez dépasser les bords pour les souder à la fermeture. Recouvrez la pâte de farce et posez le second fond de tarte découpé à la dimension exacte du moule. Mouillez le pourtour du petit rond de pâte puis rabattez sur celui-ci la pâte qui dépasse du moule.

- Faites un petit trou au centre et glissez-y une cheminée faite avec un morceau de papier blanc. Badigeonnez le dessus de la tourte avec un œuf battu et faites cuire 30 mn. Servez chaud ou tiède accompagné d'une salade verte.

Le conseil

Il est préférable de réaliser cette recette avec des pommes acides comme la granny qui révèleront la saveur de la dinde.

TOURTE DE DORADE ET D'ARAIGNÉE DE MER

- Préchauffez le four Th. 6/7 (190°C). Étalez la pâte en 2 morceaux.

- Faites cuire les moules et les gambas avec les oignons hachés et le vin blanc (gardez les carapaces des gambas pour la sauce). Préparez le court-bouillon et faites-y cuire les araignées pendant 20 mn.

- Coupez les courgettes et les carottes en tranches régulières dans le sens de la longueur. Faites-les cuire séparément à l'eau bouillante salée puis égouttez.

- Préparez la farce en mixant la chair du poisson, ajoutez le beurre ramolli puis un œuf entier plus un blanc. Mettez au réfrigérateur 15 mn, ajoutez alors la crème fraîche et l'estragon haché.

- Garnissez un moule à tourte de la moitié de la pâte, mettez au fond la moitié de la farce mélangée avec les moules et les araignées décortiquées. Recouvrez de carottes et de courgettes puis mettez les gambas décortiquées au centre de la tourte. Recouvrez avec le reste de farce et la pâte restante. Soudez la pâte en la pinçant avec un peu d'eau, badigeonnez le dessus avec le jaune d'œuf dilué dans un peu d'eau. Pratiquez une cheminée au centre de la tourte et introduisez-y un petit rouleau de papier sulfurisé. Faites cuire au four 30 mn.

- Préparez la sauce. Faites bouillir la crème avec les carapaces des gambas. Laissez infuser 5 mn puis passez au chinois, ajoutez l'estragon haché et assaisonnez.

4 à 6 personnes

2 paquets de pâte brisée
1 sachet de court-bouillon
1 dorade de 1 kg
2 œufs
100 g de beurre
10 cl de crème fraîche
1 bouquet d'estragon
2 grosses araignées de mer
200 g de carottes
200 g de courgettes
8 gambas
1 l de moules
100 g d'oignons
5 cl de vin blanc

Sauce

2 cl de crème
1 cuillère à soupe d'estragon hachée

PRÉPARATION
1 h

CUISSON
50 mn

ASSEZ DIFFICILE

ASSEZ CHER

Le Vin
Val de Loire Blanc

Muscadet

TOURTE RUSTIQUE DE VEAU

4 à 6 personnes

25 g de beurre
750 g de veau coupé en cubes
2 branches de céleri émincées
2 oignons
4 carottes
1 bouquet garni
1 l de bouillon de poule
6 pommes de terre moyennes
1 abaisse de pâte brisée
Sel, poivre

PRÉPARATION
25 mn

CUISSON
1 h 45

FACILE

RAISONNABLE

Le Vin
Beaujolais Rouge

Fleurie

- Épluchez les légumes.
- Coupez les carottes en dés et les pommes de terre en rondelles.
- Émincez les oignons.
- Dans une casserole, faites chauffez le beurre. Ajoutez le veau, les oignons, le céleri et les carottes. Salez, poivrez.
- Ajoutez le bouquet garni et mouillez avec le bouillon de poule. Faites mijoter à feu doux pendant 1 h 15. À mi-cuisson, ajoutez les pommes de terre.
- Préchauffez le four Th. 6 (180°C).
- Versez la préparation dans un plat allant au four et couvrez de l'abaisse de pâte. Cuisez au four 30 à 40 mn et servez.

Le conseil

Pour cette recette, choisissez de l'épaule de veau désossée.

TOURTIÈRE À LA POULETTE ET AUX SALSIFIS

- Désossez la poulette et coupez-la en morceaux.

- Faites chauffer la graisse de canard dans une cocotte et faites dorer les morceaux de poulette avec les oignons et l'ail, sans trop colorer. Ajoutez le vin blanc, le bouillon de volaille, le thym, sel, poivre et laissez mijoter 30 mn.

- Pelez les salsifis et coupez-les en tronçons de 3 cm. Lavez-les longuement à l'eau vinaigrée. Plongez-les quelques minutes à l'eau bouillante salée. Égouttez. Ajoutez-les dans la cocotte 15 mn avant la fin de la cuisson de la poulette.

- Préchauffez le four Th. 7 (210°C).

- Étalez finement la pâte feuilletée et garnissez-en une tourtière. Disposez sur le fond de pâte les morceaux de volaille et les salsifis, le tout égoutté et refroidi. Recouvrez de pâte et soudez les bords. Ménagez un trou au centre de la pâte pour laisser la vapeur s'échapper. Dorez au jaune d'œuf. Faites cuire 30 mn au four.

- Filtrez le bouillon de cuisson, liez-le avec le dernier jaune d'œuf et la crème. Présentez en saucière.

Le conseil

Vous pouvez utiliser des salsifis surgelés ou en conserve.

6 à 8 personnes

1 poulette vidée
400 g de pâte feuilletée
500 g de salsifis
200 g d'oignons hachés
2 gousses d'ail hachées
50 cl de bouillon de volaille
20 cl de vin blanc
20 cl de crème fraîche
3 cuillères à soupe de graisse de canard
2 jaunes d'œufs
1 branche de thym
Vinaigre
Sel, poivre

PRÉPARATION 1 h

CUISSON 1 h

FACILE

RAISONNABLE

Le Vin
Val de Loire Rouge

Bourgueil

QUICHE LORRAINE

4 à 6 personnes

500 g de pâte brisée
200 g de lardons
400 g de crème fraîche
5 œufs
1 pincée de muscade
Farine
Sel, poivre

PRÉPARATION
10 mn

CUISSON
25 mn

FACILE

BON MARCHÉ

Le Vin
Jura Blanc

- Préchauffez le four Th. 6 (180°C).
- Étalez la pâte brisée sur un plan de travail fariné. Garnissez-en un moule à tarte et piquez la surface à l'aide d'une fourchette pour éviter qu'elle ne gonfle en cuisant.
- Faites blanchir les lardons dans une casserole d'eau bouillante pendant 2 mn. Égouttez et réservez.
- Battez les œufs avec la crème. Salez, poivrez, muscadez. Ajoutez les lardons et versez le tout dans le moule à tarte.
- Passez au four pendant 25 mn.

Le conseil

À mi-cuisson, recouvrez la quiche d'un papier sulfurisé pour éviter qu'elle ne prenne trop de couleur.

TARTE À LA CRÈME

- Préchauffez le four Th. 6 (180°C).
- Garnissez un moule à tarte beurré avec la pâte feuilletée.
- Dans un saladier, battez les œufs et ajoutez la farine tamisée. Ajoutez ensuite la crème, le sel et le poivre. Mélangez bien. Versez sur le fond de tarte et enfournez pour environ 20 mn.
- Sortez la tarte du four quand elle est dorée. Servez chaud avec une salade verte.

Le conseil

Pour éviter que la pâte ne se rétracte à la cuisson, piquez le fond de tarte avec une fourchette avant de la garnir.

6 personnes

1 rouleau de pâte feuilletée étalée
50 cl de crème fraîche épaisse
2 œufs
50 g de farine
20 g de beurre
Sel, poivre

PRÉPARATION 10 mn

CUISSON 30 mn

FACILE

BON MARCHÉ

Le Vin
Bourgogne Blanc

Bourgogne aligoté

TARTE AU FROMAGE DE CHÈVRE

6 personnes

250 g de pâte brisée toute prête
1 bûche de fromage de chèvre (Sainte-Maure)
3 œufs
20 cl de crème fraîche épaisse
2 gousses d'ail
4 cuillères à soupe de fines herbes hachées (ciboulette, cerfeuil)
Sel, poivre

PRÉPARATION
15 mn

CUISSON
40 mn

TRÈS FACILE

BON MARCHÉ

Le Vin
Val de Loire Blanc

Sancerre

- Préchauffez le four Th. 6 (180°C).
- Foncez un moule à tarte avec la pâte brisée, garnissez le fond d'un papier sulfurisé et remplissez le moule de haricots secs ou de noyaux pour empêcher les bords de la pâte de retomber.
- Enfournez et laissez cuire 10 mn. Retirez haricots ou noyaux ainsi que le papier.
- Écrasez le fromage à la fourchette, incorporez les œufs légèrement battus, la crème, l'ail haché et les fines herbes, salez, poivrez, mélangez bien.
- Versez dans le moule et mettez au four 30 mn. 15 mn après le début de la cuisson, baissez la température à 120°C (Th. 4).
- Présentez avec une salade.

Le conseil

Ne choisissez pas votre fromage trop affiné, vous obtiendrez une préparation plus moelleuse.

TARTE AU ROQUEFORT

- Préchauffez le four Th. 6 (180°C).
- Préparez la pâte. Versez la farine dans un grand saladier, creusez un puits, ajoutez le beurre ramolli en petits morceaux et le sel.
- Pétrissez bien puis ajoutez l'œuf entier, malaxez rapidement pour obtenir une boule de pâte.
- Farinez le plan de travail, abaissez la pâte et garnissez-en un moule à tarte beurré.
- Émiettez le roquefort à la fourchette ou à la moulinette.
- Battez ensemble la crème, les œufs entiers, ajoutez le roquefort, poivrez mais ne salez surtout pas, le fromage étant déjà suffisamment salé.
- Versez la préparation dans le moule et mettez à four chaud 35 à 40 mn.

Le conseil

Si vous laissez reposer la pâte brisée au moins 30 mn, elle sera meilleure.

6 personnes

150 g de roquefort
4 œufs
5 cuillères à soupe de crème fleurette
Poivre

Pâte brisée
200 g de farine
150 g de beurre
1 œuf
1 pincée de sel

PRÉPARATION 30 mn

CUISSON 40 mn

TRÉS FACILE

BON MARCHÉ

Le Vin
Beaujolais Rouge

Beaujolais Village

TARTE AUX CHAMPIGNONS FORESTIERS

6 personnes

200 g de pâte feuilletée
800 g de champignons sauvages mélangés
150 g de lardons fumés
4 œufs
1 échalote
40 g de beurre
200 g de crème fraîche épaisse
100 g d'emmenthal râpé
Sel, poivre

PRÉPARATION
30 mn

CUISSON
30 mn

TRÈS FACILE

RAISONNABLE

Le Vin
Vallée du Rhône
Rouge

- Préchauffez le four Th. 6 (180°C). Beurrez un moule à tarte avec la moitié du beurre. Étalez la pâte, piquez-la avec une fourchette et réservez-la au réfrigérateur.

- Nettoyez les champignons et coupez les plus gros en morceaux. Faites chauffez la moitié du beurre dans une poêle. Ajoutez l'échalote pelée et hachée, ainsi que les champignons. Faites revenir le tout sur feu moyen pendant 10 mn.

- Dans un saladier, battez les œufs avec la crème fraîche, les lardons, l'emmenthal, sel et poivre.

- Ajoutez les champignons. Versez cette préparation sur le fond de tarte et enfournez pour 30 mn.

Le conseil

Les champignons de cueillette doivent être mis à tremper quelques minutes dans une eau vinaigrée avant de les préparer.

TARTE AUX HARICOTS VERTS ET AUX PIGNONS

- Mettez la farine dans un saladier, faites un puits, ajoutez le beurre en morceaux et le sel.

- Malaxez du bout des doigts et ajoutez une cuillère à soupe d'eau froide. Formez une boule et laissez reposer au frais 30 mn. Effilez les haricots verts, cuisez-les 10 mn à l'eau bouillante salée. Rafraîchissez et égouttez-les. Réduisez la moitié des haricots verts en purée au mixeur. Mélangez avec les œufs battus préalablement en omelette, ajoutez la crème fraîche, le fromage de chèvre et la muscade. Salez, poivrez.

- Préchauffez le four Th. 7 (210°C). Faites chauffez une poêle et lorsqu'elle est bien chaude, faites revenir les pignons. Étalez la pâte, garnissez un moule beurré de 25 cm de diamètre. Piquez le fond avec une fourchette, recouvrez d'une feuille de papier sulfurisé, recouvrez de légumes pour éviter que la pâte gonfle et mettez au four 10 mn.

- Retirez le papier sulfurisé et les légumes secs. Versez la préparation aux œufs, ajoutez les haricots verts entiers, parsemez de pignons. Enfournez et poursuivez la cuisson 20 mn. Démoulez et servez chaud ou tiède.

Le conseil

Pour éviter qu'une pâte sans garniture ne retombe, on peut réserver à cet effet des haricots secs ou des noyaux d'abricots bien nettoyés.

6 personnes

Pâte
200 g de farine
100 g de beurre
1/2 cuillère à café de sel

Garniture
500 g de haricots verts
3 œufs
25 g de pignons
100 g de crème fraîche
100 g de chèvre frais
1 pincée de noix de muscade râpée
Sel, poivre

PRÉPARATION
20 mn + 30 mn de repos

CUISSON
30 mn

FACILE

BON MARCHÉ

Le Vin
Bourgogne Blanc

Aligoté

TARTE AUX POMMES DE TERRE ET AU CHÈVRE

4 personnes

1 rouleau de pâte brisée toute prête (rayon frais)
500 g de pommes de terre
1 bûche de chèvre type cendré
4 œufs
20 cl de crème liquide
Sel, poivre

PRÉPARATION
20 mn

CUISSON
45 mn

FACILE

BON MARCHÉ

- Préchauffez le four Th. 6 (180°C).
- Épluchez les pommes de terre. Coupez-les en rondelles régulières à l'aide d'une mandoline.

- Faites-les cuire une casserole d'eau bouillante salée pendant une quinzaine de minutes. Égouttez et réservez.
- Coupez le chèvre en rondelles.
- Mélangez les œufs et la crème. Salez et poivrez.
- Déroulez la pâte à tarte dans un moule à tarte.
- Intercalez les rondelles de chèvre et les rondelles de pommes de terre (une rondelle de chèvre pour environ 3 rondelles de pommes de terre).
- Nappez du mélange aux œufs et passez au four pendant 20 mn.

Le conseil

Choisissez un chèvre Sainte-Maure de Touraine cendré.

Le Vin
Val de Loire Blanc

TARTE AUX SPRATS

- Préchauffez le four Th. 6 (180°C).
- Égouttez les tomates pelées et concassez-les.
- Pelez les oignons, émincez-les et faites-les revenir avec l'huile dans une poêle. Lorsqu'ils sont bien dorés, ajoutez les tomates concassées, salez, poivrez et laissez évaporer le jus de cuisson à feu vif. Laissez tiédir.
- Abaissez la pâte, beurrez un moule à tarte et garnissez-le de pâte. Ajoutez les tomates et disposez les sprats en étoiles.
- Parsemez d'aneth ciselée et mettez au four 35 mn.
- Servez la tarte tiède avec une salade verte.

Le conseil

Le sprat est un poisson qui peut être confondu ou remplacé par la sardine. Il est plus petit, plus étroit et plus argenté.

4 personnes

1 paquet de pâte brisée
12 sprats
1 grosse boîte de tomates pelées
2 oignons
1 cuillère à soupe d'huile d'olive
1 bouquet d'aneth
1 noix de beurre pour le moule
Sel, poivre

PRÉPARATION
20 mn

CUISSON
40 mn

TRÈS FACILE

BON MARCHÉ

Le Vin
Val de Loire Blanc

Gros-plant

TARTE AUX TOMATES ET À LA MOUTARDE

6 personnes

250 g de pâte brisée toute prête
3 cuillères à soupe de moutarde à l'estragon
6 tomates
100 g de cantal râpé
1 cuillère à dessert d'huile d'olive
Quelques brins de persil
Sel, poivre

PRÉPARATION
15 mn

CUISSON
40 mn

TRÈS FACILE

BON MARCHÉ

Le Vin
Sud-Ouest Rouge

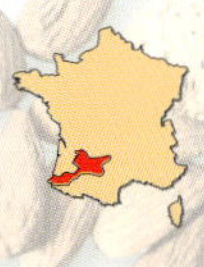

Bergerac

- Préchauffez le four Th. 7 (210°C).

- Foncez un moule à tarte avec la pâte brisée. Placez un papier sulfurisé sur le fond de pâte et remplissez de haricots ou de noyaux pour empêcher la pâte de s'affaisser. Glissez au four 10 mn. Enlevez noyaux et papier, laissez refroidir.

- Tartinez le fond de pâte de moutarde, recouvrez de rondelles de tomates, salez, poivrez. Saupoudrez de fromage râpé et arrosez d'huile d'olive. Glissez au four pour 30 mn.

- Saupoudrez de persil ciselé et servez avec une salade en vinaigrette bien relevée.

Le conseil

Choisissez des tomates bien mûres.

TARTE DE CREVETTES GRISES AUX ENDIVES BRAISÉES

- Émincez les endives et faites-les cuire 10 mn dans le beurre et le jus de citron.
- Décortiquez les crevettes. Plongez les têtes et les carapaces dans le fumet. Ajoutez le vin blanc et portez à ébullition. Laissez réduire la préparation et filtrez-la.
- Beurrez un moule à haut bord. Garnissez-le avec les endives, les crevettes et le mélange crémeux. Salez, poivrez et laissez refroidir 1 h au réfrigérateur.
- Préchauffez votre four.
- Recouvrez le moule à manqué avec la pâte feuilletée.
- Soudez bien les bords. Enduisez-la de jaune d'œuf battu.
- Faites cuire au four Th. 6 (180°C) pendant environ 40 mn.

Le conseil

Délayez le jaune d'œuf avec une cuillerée à café d'eau, le mélange sera plus facile à étaler.

4 personnes

450 g de crevettes grises
4 endives
1 pâte surgelée
1 citron
60 g de beurre
25 cl de crème fraîche
1 jaune d'œuf
2 cuillères à soupe de vin blanc
1 verre de fumet de poisson
Sel, poivre

PRÉPARATION 30 mn

RÉFRIGÉRATION 1 h

CUISSON 40 mn

FACILE

RAISONNABLE

Le Vin
Alsace Blanc

Sylvaner

Conception et Réalisation

44, rue du Cherche-Midi - 75006 Paris
Tél. : 01 42 22 72 90 - Fax : 01 42 22 65 62
editions.delville@delville.fr

ISBN : 2-85922-130-1

Mise en pages et photogravure
Chesteroc Graphics International

Dépôt légal 2ème semestre 2002
Imprimé en France